公安机关
人民警察奖励条令

群众出版社
·北 京·

图书在版编目（CIP）数据

公安机关人民警察奖励条令/中华人民共和国公安部编.—北京：群众出版社，2016.1

ISBN 978-7-5014-5490-7

Ⅰ.①公… Ⅱ.①中… Ⅲ.①警察—奖励制度—中国 Ⅳ.①D631.12

中国版本图书馆 CIP 数据核字（2016）第 019931 号

公安机关人民警察奖励条令

出版发行：群众出版社
地　　址：北京市丰台区方庄芳星园三区 15 号楼
邮政编码：100038
经　　销：新华书店
印　　刷：北京市庆全新光印刷有限公司

版　　次：2016 年 6 月第 1 版
印　　次：2016 年 6 月第 1 次
印　　张：0.75
开　　本：850 毫米×1168 毫米　1/32
字　　数：18 千字

书　　号：ISBN 978-7-5014-5490-7
定　　价：6.00 元

网　　址：www.qzcbs.com
电子邮箱：qzcbs@sohu.com

营销中心电话：010-83903254
读者服务部电话（门市）：010-83903257
警官读者俱乐部电话（网购、邮购）：010-83903253
公安综合分社电话：010-83903487

中华人民共和国公安部
中华人民共和国人力资源和社会保障部 令

第 135 号

　　修订后的《公安机关人民警察奖励条令》已经 2015 年 3 月 18 日公安部第 3 次部长办公会议、2015 年 8 月 26 日人力资源社会保障部第 71 次部务会议审议通过，现予发布，自 2016 年 1 月 1 日起施行。

公安部部长　郭声琨

人力资源社会保障部部长　尹蔚民

2015 年 10 月 19 日

公安机关人民警察奖励条令

第一章　总　　则

第一条　为加强和规范公安机关奖励工作，促进公安工作和队伍建设，根据《中华人民共和国公务员法》、《中华人民共和国人民警察法》、《公安机关组织管理条例》、《公务员奖励规定（试行）》等法律、法规和规章，制定本条令。

第二条　公安机关奖励工作应当服从服务公安工作全局和中心任务，及时奖励在各项公安工作中做出突出成绩的集体和个人，充分激发、调动各级公安机关和广大民警的工作积极性、主动性、创造性。

第三条 公安机关奖励工作应当坚持下列原则：

（一）实事求是，按绩及时施奖；

（二）发扬民主，贯彻群众路线；

（三）公开、公平、公正；

（四）以基层一线为重点，领导机关、领导干部从严；

（五）精神奖励与物质奖励相结合，以精神奖励为主。

第四条 公安机关奖励工作实行统一领导，分级管理，分工负责。公安机关政工部门是奖励工作的主管部门，负责组织、指导、管理奖励工作。公安机关其他部门配合政工部门做好奖励工作。

第五条 公安机关奖励经费应当列入各级公安机关年度预算予以全额保障。

第二章 奖励的类别、对象和等级

第六条 奖励分为集体奖励和个人奖励。

第七条 集体奖励的对象是各级公安机关建制单位和为完成专项工作临时成立的非建制单位。

个人奖励的对象是各级公安机关在编在职人民警察。因公牺牲或者病故的人民警察，生前有重大贡献或者突出事迹，符合奖励条件的，可以追授奖励。

第八条 集体奖励由低至高依次为：嘉奖，记三等功、二等功、一等功，授予荣誉称号。集体授予荣誉称号的名称，根据受奖集体的事迹特点确定。

个人奖励由低至高依次为：嘉奖，记三等功、二等功、一等功，授予荣誉称号。授予个人的荣誉称号分为全国公安系统二级英雄模范、一级英雄模范称号。

第三章　奖励的条件和标准

第九条　符合下列条件之一的集体和个人，应当给予奖励：

（一）依法打击危害国家安全和公共安全、颠覆国家政权、破坏社会秩序和经济秩序、侵犯公私财产和公民人身权利等违法犯罪活动，维护国家安全和社会稳定，成绩突出的；

（二）加强社会治安管理，依法查处和制止扰乱公共秩序、侵犯人身权利、妨害社会管理等违法行为，维护治安稳定和公共安全，成绩突出的；

（三）依法妥善处置重大突发事件，积极参加抢险救灾，圆满完成重大活动安全保卫任务，成绩突出的；

（四）加强公安基层基础建设，落实各项管

理防范措施，有效预防和制止违法犯罪活动，成绩突出的；

（五）依法履行行政管理职能，科学、文明、规范管理，提高工作质量和效率，成绩突出的；

（六）加强科技强警工作，有发明创造、科技创新成果或者创造典型经验，成绩突出的；

（七）密切联系群众，热情为群众服务，成绩突出的；

（八）加强思想政治工作，强化教育、管理和监督，推动队伍正规化建设，成绩突出的；

（九）加强执法监督管理，推动执法规范化建设，成绩突出的；

（十）认真完成综合管理、警务保障和国际警务合作等工作任务，成绩突出的；

（十一）秉公执法，清正廉洁，勇于与社会不良风气做斗争，成绩突出的；

（十二）在其他方面成绩突出的。

第十条 对符合奖励条件的集体和个人，根据其事迹及作用、影响，按照以下标准确定奖励等级：

（一）对成绩突出的，给予嘉奖；

（二）对成绩突出，有较大贡献的，记三等功；

（三）对成绩显著，有重要贡献的，记二等功；

（四）对成绩显著，有重大贡献和影响的，记一等功；

（五）对成绩卓著，有特殊贡献和重大影响，堪称典范的，可以授予荣誉称号。

第十一条　对集体或者个人的同一事迹只能给予一次奖励。对同一集体或者个人一年内原则上不重复给予同等级及以下等级奖励。

第十二条　集体或者个人因涉嫌违法违纪等问题正在接受组织调查的，应当暂停实施奖励。

集体发生严重违法违纪或者重大失职、失误问题的，原则上一年内不予奖励；情节特别严重、影响特别恶劣的，原则上两年内不予奖励。

个人受党纪、政纪处分期间，原则上不予奖励。有重大或特殊贡献的集体或者个人，可以不受上述时限限制。

第四章　奖励的权限

第十三条　公安部的批准权限：

（一）全国公安机关集体和个人授予荣誉称号、记一等功奖励，其中授予全国公安系统一级英雄模范称号，由人力资源社会保障部会同公安部审批；

（二）省级公安机关及其领导班子成员嘉奖，记三等功、二等功奖励；

（三）公安部机关内设机构及直属单位集体和个人嘉奖，记三等功、二等功奖励。

第十四条　省级公安机关的批准权限：

（一）公安部批准权限以外的本地区公安机关集体和个人记二等功；

（二）市（地）级公安机关及其领导班子成员嘉奖、记三等功奖励；

（三）省级公安机关内设机构及直属单位集体和个人嘉奖、记三等功奖励。

第十五条 市（地）级公安机关批准上级公安机关批准权限以外的本地区公安机关集体和个人嘉奖、记三等功奖励。

第十六条 经公安部批准，省级公安机关领导班子成员以外的个人记一等功，可以由所在省级公安机关办理；经市（地）级公安机关批准，县级公安机关及其领导班子成员以外的集体和个人嘉奖，可以由所在县级公安机关办理。

第十七条 铁路公安局、交通运输部公安局、中国民用航空局公安局、国家林业局森林公安局、海关总署缉私局执行省级公安机关的批准权限，其所属下级公安机关参照执行市（地）级以下公安机关的批准权限。

第十八条 对受组织委派，离开原单位执行临时任务或者借调、挂职的人民警察，时间一年以上，符合奖励条件的，可以由临时所在单位，按照批准权限实施奖励或者申报奖励；时间不足一年，符合奖励条件的，由临时所在单位向原单位介绍情况，由原单位按照批准权限实施奖励或者申报奖励。

第五章　奖励的实施

第十九条　对集体和个人实施奖励，一般按照下列程序进行：

（一）对符合奖励条件的集体和个人，由所在单位民主推荐，集体研究提出奖励申报意见；

（二）公安机关政工部门对申报奖励对象事迹进行核实，并在征求相关部门意见后，提出奖励审核意见；

（三）公安机关研究确定奖励批准意见，组织进行公示后予以公布。超过本级公安机关批准权限的，报上级公安机关审批。

对在抢险救灾、重大突发事件处置、重大活动安全保卫、重大案件侦破等工作中成绩特别突出的集体和个人，必要时，可以简化程序，由奖励批准机关的政工部门提出奖励建议，奖励批准机关直接批准奖励。

第二十条　奖励申报意见应当在相关集体和个人做出符合奖励条件的成绩后一个月内提出；对下级公安机关的奖励申报意见，奖励审核、批准机关应当分别在收到奖励申报材料两个月内完成审核、审批工作。特殊情况下，应当及时完成奖励申报、审核、审批工作。

第二十一条　对拟实施奖励的集体和个人，奖励申报、审核、批准机关的政工部门应当征求本级公安机关纪检监察、法制和相关业务部门的意见。对拟实施奖励的个人，必要时，应当按照干部管理权限，征得主管机关同意，并征求纪检机关（监察部门）和有关部门意见。

第二十二条　对拟记三等功以上奖励的集体和个人，由奖励批准机关组织考核，或者委托下一级公安机关的政工部门组织考核，受委托的政工部门不得再行委托。

第二十三条　对拟记三等功以上奖励的集体和个人，除涉密等特殊情况外，应当逐级在一定范围内进行公示，公示时间原则上不少于七个工作日。

第二十四条　对集体和个人实施奖励的决定，以奖励批准机关行政首长签署命令的形式下达。行政首长空缺时，以奖励批准机关印发决定的形式下达。

对集体和个人实施奖励的决定应当及时宣布，并举行简约、俭朴的授奖仪式。必要时，可以召开表彰会。

第二十五条　对集体和个人的奖励实施后，奖励命令、审批表和其他有关材料存入公安机关文书档案，个人奖励审批表同时存入本人档案。

第二十六条　年度个人嘉奖和记三等功、二等功、一等功奖励的比例，分别不高于当年实有在编在职人民警察总数的百分之九、百分之三、千分之三、万分之三。根据公务员年度考核结果给予的个人嘉奖、记三等功奖励，不受年度奖励比例限制。

年度集体、个人授予荣誉称号和集体记一等功，不规定具体比例，由公安部根据实际情况审批。年度集体记二等功以下奖励的比例，由省级公安机关根据实际情况规定。

第二十七条 厅、局级以上单位、个人和市（地）级以上公安机关领导班子成员一般不予奖励；处级单位和个人奖励从严控制；基层和一线实战单位及其人民警察奖励数量应当占年度奖励总数的百分之八十五以上。

第二十八条 对执行重大抢险救灾、重大突发事件处置、重大活动安全保卫等专项任务的，经公安部批准，可以适当提高年度奖励比例。

第二十九条 对在执行重大专项工作任务中做出突出成绩的集体和个人，其上级公安机关可以行政首长签署嘉奖令的形式，及时予以鼓励。

第六章　获奖的标志和待遇

第三十条　奖励批准机关对获得奖励的集体颁发奖匾或者奖状；对获得记三等功以上奖励的个人颁发奖章和证书；对获得嘉奖奖励的个人颁发证书。

第三十一条　奖匾、奖状、奖章、证书按照公安部统一规定的式样、质地和规格制作。属于公安部批准权限的由公安部负责制作，属于省级以下公安机关批准权限的由省级公安机关负责制作。

第三十二条　奖匾、奖状、奖章、证书由获得奖励的集体和个人妥善保存。获得奖励的个人在参加重要会议或者重大活动时可以将奖章佩戴在左胸前。

第三十三条　奖匾、奖状、奖章、证书丢失或者毁损的，应当向所在公安机关政工部门报告，并由政工部门核实后按照程序报奖励批准机关予以补发或者更换。

第三十四条 奖励批准机关对获得奖励的集体和个人统一按照下列标准颁发奖金：

集体嘉奖五千元，集体三等功一万元，集体二等功两万元，集体一等功三万元，集体荣誉称号五万元。

个人嘉奖两千元，个人三等功五千元，个人二等功一万元，个人一等功两万元，全国公安系统二级英雄模范五万元，全国公安系统一级英雄模范八万元。

集体奖励的奖金一般作为工作经费由集体使用，原则上不得向个人发放。

第三十五条 获得授予或者追授全国公安系统一级英雄模范、二级英雄模范荣誉称号奖励的个人的子女，符合条件的，可以保送进入普通公安高等院校学习。

第三十六条 获得记一等功以上奖励的个人，可以按照有关规定提前晋升警衔。

第三十七条　获得记三等功以上奖励（含追记、追授的）的个人死亡后，按照国家有关规定增发一次性抚恤金。

获得全国公安系统一级英雄模范、二级英雄模范称号的个人死亡后，按照有关规定进行吊唁。

第三十八条　获得奖励的个人，根据国家有关规定享受其他待遇。

第七章　获奖对象的教育管理

第三十九条　对获得奖励的集体和个人，各级公安机关应当加强教育管理，在政治思想上、工作上和生活上给予关心和爱护，使他们保持荣誉，不断进步。

第四十条　对获得授予荣誉称号的集体和个人，由省级公安机关建立联系制度和管理档案，定期组织进行考察，及时了解掌握情况，并每年报公安部备案。对获得其他奖励的集体和个人，由市（地）级以下公安机关根据实际情况，确定重点对象，建立联系制度和管理档案，定期报上级公安机关备案。

第四十一条 获得授予荣誉称号的集体和个人发生违法违纪问题，或者获得荣誉称号的个人有调离、退休、死亡等情况，其所在公安机关应当按照程序及时报公安部备案。

第四十二条 对获得奖励的个人，应当定期组织开展培训和休养活动。省级以上公安机关应当每年组织功模民警培训和休养；市（地）级以下公安机关功模民警培训和休养结合实际组织开展。

第八章 奖励的撤销

第四十三条 获得奖励的集体或者个人，有下列情形之一的，应当撤销其奖励：

（一）伪造事迹或者申报奖励时隐瞒严重问题，骗取奖励的；

（二）严重违反规定奖励程序的；

（三）获得授予荣誉称号奖励的集体发生违法违纪问题，造成恶劣影响的；

（四）获得授予荣誉称号奖励的个人受到开除处分、刑事处罚，或者犯有其他严重错误，丧失模范作用的；

（五）法律、法规规定应当撤销奖励的其他情形。

第四十四条　撤销奖励，由原奖励申报机关按照程序报请原奖励批准机关审批。必要时，原奖励批准机关可以直接撤销奖励。

第四十五条　奖励撤销后，由原奖励批准机关收回奖匾、奖状或者奖章、证书，并停止其享受的有关待遇。属于第四十三条第（一）项、第（二）项规定情形的，同时收回奖金。撤销个人奖励的决定存入本人档案。

第九章　附　则

第四十六条　本条令适用于全国各级公安机关，铁路、交通、民航、森林公安机关和海关缉私部门及其人民警察。

公安机关所属单位及其在编在职人员，公安机关见习期人民警察、离退休人民警察、在编在职工勤人员和公安院校全日制普通学历教育学生参照执行。

公安现役部队奖励工作执行《中国人民解放军纪律条令》。

第四十七条　公安机关开展其他评比表彰活动，按照中共中央办公厅、国务院办公厅印发的《评比达标表彰活动管理办法（试行）》（中办发〔2010〕33号）执行。

第四十八条　本条令所称"以上"、"以下"含本级、本数。

第四十九条　本条令自 2016 年 1 月 1 日起施行。2003 年 7 月 24 日颁布的《公安机关人民警察奖励条令》（公安部令第 66 号）同时废止。